AF252635

DISSOLUTION

DES CHAMBRES

IMPRIMERIE DE FAIN, PLACE DE L'ODÉON.

DISSOLUTION

DES CHAMBRES,

OU

NÉCESSITÉ D'UN APPEL A LA NATION.

Par M. COMTE, Avocat.

PARIS,

Aimé COMTE, Libraire, rue Git-le-Cœur, n°. 10.

1819.

DISSOLUTION
DES CHAMBRES,

OU

NÉCESSITÉ D'UN APPEL A LA NATION.

Depuis quelques années, une faction qui considère la France comme une propriété dont l'exploitation lui est dévolue par le droit divin, ne cesse de tourmenter la population et le gouvernement ; pour en venir à ses fins, tous les moyens lui sont également bons : les compagnies secrètes, les armées clandestines, les conspirations supposées, les prédications prétendues évangéliques, les supplications aux puissances étrangères, les prières et les menaces adressées tour à tour à l'autorité, les insinuations calomnieuses contre les ministres, les prédictions funestes, l'appel à la guerre civile, rien n'est épargné ; et, si l'expérience ne nous avait point appris à connaître ces éternels ennemis de notre repos, nous en serions peut-être déjà à nous entre-déchirer.

I

Deux choses font surtout le désespoir de cette
faction : la modération des hommes qu'elle attaque, et la consolidation des institutions nationales. Elle avait prédit que la loi des élections
serait une source inépuisable de désordres; les
électeurs, en procédant au choix de leurs députés, se sont partout conduits avec sagesse et
modération; et, parce que ses prédictions sinistres ne se sont point réalisées, la voilà qui
se désespère et qui nous annonce que les élections prochaines se feront à coups de poignards.
Elle avait repoussé la loi comme n'étant point
assez populaire; les Français l'ont au contraire
reçue avec reconnaissance, et s'y sont attachés
comme à leur seul moyen de salut : c'en est
assez pour qu'elle l'attaque avec fureur, et
qu'elle veuille à tout prix en obtenir la révocation.

C'est surtout après les dernières élections qu'on
a pu apercevoir l'activité de ses manœuvres.
Les noms des députés nouvellement élus étaient
à peine divulgués, qu'une agitation vague et
dont on ne pouvait saisir les causes, s'est partout manifestée; il semblait que l'élection de
quelques hommes connus par leur dévouement
aux intérêts de la France, et par leur attache-
ment aux principes constitutionnels, était le

présage d'une catastrophe prochaine ; on eût dit que nous étions à la veille de voir se renouveler les scènes les plus sanglantes de la révolution , et que la nation française allait se déchirer de ses propres mains , si les soldats de la coalition cessaient un instant de la tenir sous sa surveillance ; l'agitation s'est accrue après l'ouverture des chambres, et l'on ne sait ce qui fut arrivé, si le renvoi de certains ministres et le choix de certains autres n'eussent pas mis un terme aux angoisses publiques.

La formation du nouveau ministère a calmé les alarmes, car ces hommes si menaçans cessent d'être à craindre dès qu'ils ne peuvent pas disposer de la force et de l'autorité publiques. Mais, en cessant d'inspirer des craintes, ils n'ont abandonné ni leurs projets , ni leurs jactances , ni leurs menaces ; ils veulent aujourd'hui ce qu'ils ont voulu toujours, un peuple sur lequel ils dominent, et un gouvernement dont ils disposent. Les principes constitutionnels ne sont pour eux qu'un moyen d'arriver sans péril à l'envahissement du pouvoir ; n'osant pas attaquer ouvertement la charte , ils veulent en miner la base, persuadés qu'elle tombera ensuite d'elle-même.

Ce ne sont ni les places des ministres ni celles

des préfets qu'ils convoitent dans ce moment ; ils n'ignorent pas qu'avec cela on n'est maître de rien, si l'on ne dispose pas de la représentation nationale ; la chambre des députés, voilà le champ qu'ils veulent envahir ; ils savent que s'ils peuvent parvenir à s'emparer de ce poste, ils seront bientôt maîtres du ministère, des préfectures, des mairies, et de tous les emplois de l'administration, de la justice et de l'armée ; ils sont convaincus que lorsqu'ils auront envahi toutes les places, et qu'ils pourront nous donner des lois selon leurs caprices, ils n'auront plus à lutter en France que contre des individus isolés, et qu'ils pourront disposer arbitrairement de nos biens et de nos personnes : c'est là la véritable cause de leurs attaques contre la loi des élections.

Si ces attaques n'avaient été consignées que dans des écrits discrédités par les noms de leurs auteurs, nous aurions cru peu nécessaire de les repousser, nous aurions été rassurés contre l'effet qu'ils pouvaient produire, et par l'intérêt du gouvernement et par la force de l'opinion publique. Si même nous n'avions eu à craindre que les hommes qui ont constamment fait partie de cette faction, nous aurions pu encore nous croire en sûreté ; car leur petit nombre aurait suffi pour nous rassurer contre la violence de leurs attaques. Mais la proposition que vient de faire à la chambre des pairs M. le marquis Barthelemi, et l'accueil que cette proposition y a reçu, nous sont des preuves que la faction désorganisatrice est parvenue, à force de déclamations, à séduire des hommes que leur âge et leur rang doivent nous rendre respectables; et cette considération doit nous mettre en garde contre ce qui pourrait arriver. D'un autre côté, nous ne devons pas nous dissimuler qu'il est en France une race d'hommes insatiables d'honneurs, de titres, et de salaires; instrumens serviles de toutes les factions, ils sont au gage de quiconque les soudoie, et tout ministère qui, pour ne pas se déshonorer, refuse de les accepter pour auxiliaires, doit se résoudre à les avoir pour ennemis.

Il n'est pour la France et pour son gouvernement qu'un moyen de salut; c'est l'organisation et l'appui des bons citoyens, et, dans cette classe, je mets tous les hommes amis de l'ordre et de la paix, tous les hommes qui, satisfaits de leur sort, ne demandent au pouvoir que protection et sûreté. Mais, pour que ce moyen puisse être employé, il est une condition indispensable; c'est que les chambres lé-

*

gislatives veuillent bien seconder les ministres dans tout ce qu'ils proposeront de juste et de raisonnable : or, il me paraît que les élémens dont elles se composent sont un obstacle insurmontable, je ne dis pas seulement à la marche du ministère actuel, mais à la marche de tout ministère qui voudra adopter franchement un système de gouvernement. Si la majorité des chambres était mieux intentionnée et plus éclairée que les ministres, ce serait ceux-ci qu'il faudrait changer ; mais comme je suis convaincu que les ministres ont en général et plus de lumières et de meilleures intentions que la majorité des chambres, ce sont celles-ci qu'il faut dissoudre.

Je dis que la composition actuelle des chambres est un obstacle à la marche de tout gouvernement. En effet, quel que soit le parti que prennent les ministres, ils ne peuvent jamais être sûrs de la majorité de la chambre des députés. S'ils veulent marcher avec le côté gauche, ils auront contre eux le côté droit et une grande partie du centre, c'est-à-dire, une majorité ; s'ils veulent marcher avec le côté droit, ils auront contre eux le côté gauche et une partie du centre, ce qui formera encore une majorité ; enfin, s'ils veulent marcher avec le centre, ils auront contre eux le côté gauche et le côté droit, ce qui formera aussi une majorité. Cette majorité ne pourra pas exister contre le ministère dans toutes les mesures ; mais elle existera dans le plus grand nombre, et surtout dans celles qui seront les plus importantes pour le public ; nous avons tant de raison de le craindre, que nous devons nous trouver heureux que le ministère n'ait encore soumis à la discussion aucune des lois dont nous sentons le plus le besoin.

Il ne faut pas croire que les députés qui siégent au centre suivent toujours l'impulsion du ministère ; là se trouvent des ministres déchus, des conseillers et des directeurs qui ne seraient pas fâchés d'être ministres, et beaucoup d'hommes en place qui, tenant leurs emplois du ministère précédent, seraient bien plus sûrs de les conserver, si ce ministère était replacé. Beaucoup de ces hommes parleront toujours, je n'en doute pas, dans l'intérêt des ministres en place ; mais je ne suis pas également assuré que, dans le scrutin secret, ils votent toujours comme ils auront parlé. Le vote sur la loi relative à l'année financière nous a appris ce que nous n'aurions pas osé soupçonner : il est résulté, de l'épreuve qui s'est faite par assis et levé, qu'il n'y avait pas dans la chambre cinquante opposans ; on a voté au scrutin secret, et cent boules noires sont sorties de l'urne. Or, si une loi, dont les inconvéniens sont peu graves et ne peuvent être que passagers, et dont les avantages sont incontestables et doivent durer toujours, rencontre tant d'obstacles, qu'on juge de l'opposition que rencontreraient des lois qui établiraient franchement la liberté de la presse, la responsabilité des agens du gouvernement, l'institution du jury, les administrations communales ou les gardes municipales.

La pratique du gouvernement représentatif nous apprend tous les jours des choses auxquelles personne n'avait songé. Nous avions eu souvent occasion de faire observer que, par la nature des choses, les fonctions de député étaient incompatibles avec les fonctions d'agent comptable ou responsable. Mais nous n'avions pas pensé que ce que nous demandions dans l'intérêt des citoyens fût aussi dans l'intérêt du ministère, et il faut que l'expérience nous démontre aujourd'hui la vérité de cette observation pour qu'elle ne paraisse pas un paradoxe insoutenable. Les députés sont naturellement plus indépendans des ministres que les ministres ne le sont des députés ; les premiers n'ont nul besoin de l'assentiment des seconds; mais ceux-ci ne peuvent pas se passer de l'assentiment de ceux-là. Il arrive donc que, lorsque le ministère, par son influence, fait appeler les plus ambitieux de ses subordonnés à la chambre des députés, il renverse l'ordre naturel des choses, et se met sous la dépendance de ses propres créatures : or, on n'ignore pas que de toutes les dominations la plus intolérable est celle des valets.

Le ministère actuel, en entrant en fonctions, a recueilli les débris de trois ou quatre gouvernemens tous opposés les uns aux autres, mais d'accord sur ce point qu'ils ne veulent aucune institution favorable à la liberté publique : ces débris se trouvent dans les tribunaux, dans les administrations, dans les troupes et jusque dans les chambres. Il ne faut donc pas être surpris si les ministres hésitent dans leur marche, et s'ils n'osent prendre aucune mesure décisive : il faudra qu'ils louvoyent sans cesse, tant qu'ils n'auront pas assez de force pour écarter les élémens qui les entravent, et pour imprimer à l'administration une marche régulière et uniforme. Or, ils ne peuvent trouver cette force que dans les chambres; et, pour l'y trouver, il faut qu'ils l'y appellent; il faut que tous les députés tirent leurs pouvoirs de la même source. Il est impossible qu'il sorte des lois bien faites d'une chambre dont une partie des membres tiennent leurs pouvoirs des colléges électoraux du gouvernement impérial, renforcés par un nombre considérables des réactionnaires de 1815, et dont l'autre partie tient les siens des électeurs que la charte et la loi des élections ont établis.

Pour que la chambre ait une marche assurée, il faut qu'elle soit composée d'élémens homogènes, et c'est ce qui arrivera infailliblement si tous les colléges électoraux sont appelés en même temps à élire des députés. Sans doute la chambre se divisera en deux partis, même après une élection générale; mais il faudrait ne pas connaître la France, pour croire que ces deux partis seront ennemis. L'un pourra être plus avancé que l'autre dans les réformes qu'il demandera dans notre législation; mais il ne tendra pas à un but opposé. Ce serait également s'abuser que de croire que la majorité voudra marcher plus vite que le ministère; l'état de nos connaissances, et la timidité que nous ont donnée de longs malheurs et de funestes expériences, sont plus que suffisans pour dissiper les craintes qu'on pourrait avoir à cet égard. Enfin, le gouvernement serait dans l'erreur s'il craignait de voir arriver des députés avec des intentions hostiles. La partie de la population à qui le choix en est confié, demande de la securité et non des révolutions; si elle craignait moins les bouleversemens, la faction qui la menace lui paraîtrait bien moins redoutable.

Mais, ce qui rend surtout indispensables la dissolution de la chambre actuelle et la formation d'une chambre nouvelle, c'est la nécessité d'écarter toute discussion sur le mode d'élection des députés. Tout est fixé à cet égard, et la tentative d'établir un nouveau système, ne serait en quelque sorte qu'une déclaration de guerre à la partie la plus saine, la plus industrieuse et la plus éclairée de la population. La qualité d'électeur n'est pas une prérogative qui soit ambitionnée par ceux qui n'en jouissent pas. Le corps électoral n'a aucuns droits ou aucuns priviléges particuliers: il est pour tous les autres citoyens, la garde qui veille au maintien de leurs libertés. Le menacer de le dissoudre, c'est menacer la population toute entière, moins la faction qui veut l'opprimer; et les hommes qui ne sont point électeurs, seront peut-être les plus ardens à le défendre.

Il n'est aujourd'hui plus personne qui se fasse illusion ; on voit clairement que les droits proclamés par la charte n'ont de base que dans le système représentatif, et que la chambre des députés est notre seule garantie ; il n'est pas un citoyen qui ne soit convaincu que si la faction qui nous menace parvient jamais à s'emparer de la nomination des députés, c'en est fait de la liberté des cultes, de la liberté de la presse, de la sûreté individuelle, de l'inviolabilité des propriétés nationales ou autres, de l'abolition des dîmes et des redevances féodales: les tentatives de 1815 nous ont donné la mesure de ce que serait notre avenir, si cette faction pouvait encore se mettre en possession du pouvoir.

Et qu'on ne pense pas que les hommes qui les premiers ont allumé ce brandon de discorde aient l'espoir de trouver dans une classe inférieure, un plus grand nombre de partisans qu'ils n'en ont trouvé parmi les électeurs actuels ; ils savent qu'ils sont des objets d'aversion pour toutes les classes, et que si dans quelques provinces ils n'ont pu parvenir à soulever quelques sicaires, ils ont été généralement repoussés partout où il leur a été impossible d'allumer des querelles de religion. Les premières années de la révolution leur ont trop bien appris que ce n'est pas dans les derniers rangs de la société qu'ils doivent chercher des auxiliaires.

Quel est donc leur véritable espoir? leur espoir, c'est de semer la discorde parmi les citoyens. Ils n'ont pu retenir parmi nous les soldats de la coalition, et ils voudraient les y rappeler encore. Leurs sinistres projets ont échoué dans deux invasions successives; ils espèrent qu'ils seront plus heureux dans une troisième. Que leur importe, d'ailleurs, d'allumer la guerre civile? N'ont-ils pas prouvé plus d'une fois que, dans le moment de danger, ils savaient abandonner les gouvernemens qu'ils avaient compromis, et qu'ils avaient un refuge assuré dans les camps des armées ennemies? Ils ont appris, par expérience, qu'il est bien plus aisé d'égarer des hommes peu éclairés et dans la gêne, que de tromper les électeurs qui, par leurs lumières et par leur fortune, sont à l'abri de toute séduction. Il leur serait plus facile de semer le désordre dans des assemblées primaires nombreuses, que dans les colléges électoraux actuels; et, s'ils pouvaient faire réduire les électeurs à un petit nombre, ils parviendraient aisément à écarter par la terreur ceux qu'ils n'auraient pu gagner par des intrigues. Si nous voulons savoir ce qu'ils feraient avec des colléges électoraux moins nombreux et moins forts que ceux que nous possédons, rappelons-nous ce qu'ils ont fait avec ceux de 1815 ; rappelons-nous que, dans une ville des plus populeuses de France, ils ont fait planter une potence devant la porte du président nommé par le roi, et que dans une autre, quinze électeurs qui venaient paisiblement remplir leur mission, ont été égorgés.

La loi des élections qu'on propose d'abroger a été exécutée partout avec facilité et sans désordre ; on ne pourrait donc en demander la révocation qu'en prouvant que les électeurs ont fait de mauvais choix. Dans un grand nombre de colléges, les présidens envoyés par le gouvernement ou les candidats que l'autorité a désignés, ont été élus. Je ne pense pas que ce soit là le motif pour lequel la révocation de la loi est demandée ; car, si les électeurs s'étaient trompés, ce serait le dernier ministère qui aurait à s'imputer leurs erreurs. Il faudrait donc prendre les motifs de la révocation de la loi dans le choix de quelques hommes qui se sont distingués par le zèle qu'ils ont mis à établir en France le gouvernement représentatif, et par la constance avec laquelle ils sont restés attachés à leurs principes. Mais ne serait-ce pas reconnaître qu'on ne veut une chambre des députés que pour en faire un instrument d'oppression, et pour lui faire sanctionner l'abolition des droits que la charte a proclamés?

Qu'on ne s'y trompe pas, ce ne sont point les députés dernièrement élus, qu'attaque la faction anti-sociale qui est la cause première de tous nos malheurs; ce sont les hommes qui ont exercé les fonctions d'électeur et ceux qui peuvent les exercer à l'avenir, ceux qui ont applaudi aux choix qui ont été faits, et ceux qui se félicitent des choix qui doivent se faire encore; ce sont en un mot tous les Français, moins le petit nombre dont cette faction se compose. Or, je ne pense pas qu'il soit prudent de mettre en question si la nation française sera sacrifiée à une poignée d'ex-privilégiés, et si la seule loi nationale qui nous ait été donnée ne sera pas rapportée au moment où chacun se flattait d'en recueillir les fruits. Les discussions qui s'éléveraient à ce sujet, touchent de trop près aux intérêts de la France pour laisser les esprits tranquilles, et il n'est aucun bon citoyen qui ne doive désirer que le gouvernement les prévienne en usant de la faculté qu'il a de dissoudre la chambre des députés.

L'abolition de la charte, je ne crains pas de le dire, serait beaucoup moins dangereuse que l'abrogation de la loi des élections. Si la représentation nationale était abolie, on n'aurait à craindre que le gouvernement, qui pourrait du moins réprimer les entreprises des ex-privilégiés ; tandis que ce seraient les hommes de cette faction qui dicteraient des lois au gouvernement et à la France, s'ils parvenaient à se rendre maîtres de la représentation nationale.

Mais si le gouvernement se détermine à faire usage de la prérogative que la charte lui accorde de dissoudre la chambre des députés, qu'il se garde bien d'employer son influence pour faire élire des hommes qui ambitionnent le pouvoir. En croyant se donner des auxiliaires, les ministres ne se donnent que des concurrens ou des rivaux ; l'ambition n'est pas une passion qu'il leur est facile de satisfaire ; plus ils approchent d'eux les hommes qui convoitent les places, plus ils leur donnent l'envie de les renverser ; et, lorsqu'ils arrivent au moment de n'avoir plus rien à leur offrir, ils les voient passer dans un parti ennemi qui fait luire à leurs yeux de plus brillans avantages.

Le ministère doit être bien convaincu que plusieurs membres de la chambre des députés votent contre ses mesures bien moins parce qu'ils les trouvent mauvaises que parce qu'ils veulent le renverser et se mettre à sa place.

Aujourd'hui, la question n'est pas de savoir si la France aura de bonnes lois, mais qui possèdera le pouvoir; et, comme le public a tout à perdre, et rien à gagner dans une telle lutte, il lui importe, non-seulement qu'elle finisse, mais même qu'elle ne puisse pas se renouveler.

Pour cela, plusieurs conditions sont nécessaires : il faut d'abord que les électeurs aient le moyen d'écarter les hommes qui arriveraient à la chambre avec le désir de venger de vieilles injures, et ceux qui, ayant contracté sous le gouvernement impérial un amour excessif de pouvoir et de richesses, ne considéreraient les fonctions de député que comme un moyen d'arriver à la fortune et aux honneurs; et, pour qu'il puisse en être ainsi, il faut que l'âge de quarante ans cesse d'être une condition nécessaire d'éligibilité; le gouvernement trouvera plus de forces et moins de préventions dans les hommes au-dessous de cet âge qu'il n'en trouvera au-dessus.

Il faut, en second lieu, que le nombre des membres de la chambre des députés soit augmenté. L'exiguité du nombre actuel est sans proportion avec la population. La ville de Genève, qui n'a que quelques milliers d'habitans, a une représentation plus nombreuse que la

France qui en a vingt-neuf millions. Le gouvernement ne peut avoir de la force qu'en l'empruntant de l'opinion publique ; et une représentation trop réduite n'a sur l'opinion aucune force véritable. Les lois les mieux faites, si elles n'étaient pas rejetées, ne passeraient qu'à une majorité de huit ou dix voix, tout au plus. Or, il est impossible qu'un gouvernement puisse avoir une marche assurée et jouir de quelque sécurité, lorsque sa puissance repose sur une aussi faible majorité. Pour qu'il puisse résister aux factions, et s'abstenir de traiter avec aucune, il est indispensable que la chambre des députés soit composée au moins de six à sept cents membres. Des pays moins populeux que le nôtre ont un nombre plus considérable de représentans.

Enfin, il est nécessaire que les députés reçoivent, non des appointemens fixes comme sous le gouvernement impérial, mais une indemnité proportionnée aux dépenses qu'ils sont obligés de faire. Mille francs de contributions, qui rendent un homme éligible, ne supposent qu'un revenu de quatre ou cinq mille francs. Ce revenu est à peine suffisant pour passer à Paris le temps que dure la session : il faut donc que celui qui accepte les fonctions de député et qui ne paie que la contribution requise, prenne sur son capital ce qui est nécessaire pour faire exister sa famille pendant cinq années ; c'est-à-dire, qu'il faut qu'il consente à sa ruine et à celle de ses enfans. Un grand nombre trouvent le moyen de s'indemniser par de riches sinécures ; mais tout ce qui résulte de là, c'est une scandale de plus. L'opposition qui existe naturellement dans toute assemblée se convertit alors en antipathie, et je doute que le ministère s'en trouve bien.

Mais ce qui importe surtout au gouvernement, c'est de ne pas confondre l'opposition qui tend à obtenir la reforme de nos institutions avec l'opposition qui tend à envahir le pouvoir. La première n'a rien d'hostile, et il est facile de la satisfaire ; la seconde ne veut point de traité, et il n'y a pas de système d'administration qui puisse lui convenir. Que les ministres ne prennent point pour des injures personnelles les attaques dirigées contre des institutions qui ne sont point leur ouvrage, ou contre des abus commis par des fonctionnaires qu'ils n'ont point élus. L'erreur dans laquelle ils tomberaient à cet égard, ne leur serait pas moins funeste qu'elle ne le serait au public ;

elle leur ferait des ennemis là où, au besoin,
ils trouveraient des défenseurs.

La lutte qui s'est engagée tournera, je l'es-
père, à l'avantage du public. La nation se mon-
trera calme, mais énergique ; elle saura faire
parvenir ses vœux à la chambre des députés et
même à la chambre des pairs. Déjà des péti-
tions arrivent de toutes parts, pour demander
que la proposition faite par M. le marquis Barthelemi soit repoussée ; et, lorsque l'opinion se
manifeste avec une telle unanimité, je pourrais
dire avec une telle force, les hommes qui, par
erreur sans doute, ont souffert qu'une telle discussion s'engageât, se hâteront de l'abandonner, ou le gouvernement saura faire usage de
la prérogative qu'il a de dissoudre les chambres.
L'acte par lequel il en appellera à l'opinion publique, ne lui sera pas moins utile et ne lui
méritera pas moins de reconnaissance que l'or-
donnance du 5 septembre.

FIN.